Orações e Trezena de Santo Antônio

Orações e Trezena de Santo Antônio

Por um devoto do Grande Taumaturgo

Petrópolis

© 1987, Editora Vozes Ltda.
Rua Frei Luís, 100
25689-900 Petrópolis, RJ
www.vozes.com.br
Brasil

33ª edição, 2023.

2ª reimpressão, 2025.

Todos os direitos reservados. Nenhuma parte desta obra poderá ser reproduzida ou transmitida por qualquer forma e/ou quaisquer meios (eletrônico ou mecânico, incluindo fotocópia e gravação) ou arquivada em qualquer sistema ou banco de dados sem permissão escrita da editora.

CONSELHO EDITORIAL

Diretor
Volney J. Berkenbrock

Editores
Aline dos Santos Carneiro
Edrian Josué Pasini
Marilac Loraine Oleniki
Welder Lancieri Marchini

Conselheiros
Elói Dionísio Piva
Francisco Morás
Teobaldo Heidemann
Thiago Alexandre Hayakawa

Secretário executivo
Leonardo A.R.T. dos Santos

PRODUÇÃO EDITORIAL

Anna Catharina Miranda
Eric Parrot
Jailson Scota
Marcelo Telles
Mirela de Oliveira
Natália França
Priscilla A.F. Alves
Rafael de Oliveira
Samuel Rezende
Verônica M. Guedes

IMPRIMATUR
Por comissão especial do Exmo. e Revmo. Sr. Dom Manuel Pedro
da Cunha Cintra, Bispo de Petrópolis.
Frei Hugo D. Baggio, OFM.
Petrópolis, 20-04-1970.

Diagramação: Sheilandre Desenv. Gráfico
Revisão gráfica: Alessandra Karl
Capa: Omar Santos

ISBN 978-85-326-0026-4

Este livro foi composto e impresso pela Editora Vozes Ltda.

Prólogo

Que graças devemos mais especialmente pedir a Santo Antônio de Pádua? Julião de Espira, o autor do ofício litúrgico em honra de nosso taumaturgo, no conhecido responso dá a resposta: todas as que só se podem obter com um milagre.

Se de Antônio, feliz, procuras maravilhas,
A morte, o erro, o mal, a lepra e o demônio,
Toda calamidade foge ao ruído de seu nome,
Para ouvi-lo, o mar parece ter ouvidos,
Por ele os orgulhosos se tornam submissos,
Os ferros se quebram, os membros são curados
Seu auxílio, o jovem e o velho experimentam,
Faz com que o perdido sem pena se recupere,
Seu constante favor responde às necessidades,
No perigo, seu poder superabunda,

Favor constante dá-nos nas necessidades,
Pádua ressente seus mais ardentes cuidados,
Para honrar seu nome é necessário ver os fatos?

Todos sabem que o glorioso franciscano recebeu de Deus o poder todo especial de fazer achar as coisas perdidas.

Se alguém disso duvidar, nós lhe repetiremos as palavras do célebre Padre Nouet:

"Fazei a experiência na primeira ocasião. O crédito que ele tem junto de Deus condenaria a impiedade dos que consultam adivinhos e que perdem a alma para recobrar uma coisa de nada, que desaparece e que poderia ser encontrada por caminhos santos e legítimos".

Ah! Quantas vezes perdemos a presença de Deus, quantas vezes nosso espírito se desgarra e falta à atenção nas orações; quantas vezes perdemos a caridade, a devoção e a graça por nossa negligência, sem nos arrependermos? Como seriamos felizes, ó grande Santo, se por meio de vossas orações pudéssemos reaver os bens da alma!

Um dia, a um desses espíritos fortes que desprezam o uso popular de se dirigir a Santo Antônio, para achar as coisas perdidas, São Francisco de Sales respondeu:

"Verdadeiramente, senhor, desejo que façamos juntos um voto a esse Santo, para recobrar o que perdemos todos os dias, vós, a simplicidade cristã, e eu, a humildade, cuja prática negligencio".

Meios eficazes para assegurar o sucesso da trezena

1º Pureza de coração

Antes de ajoelharmos diante do Senhor, recomenda-te ao Espírito Santo, dispõe tua alma à oração.

Essa é também a condição que Santo Antônio de Pádua exige daqueles que recorrem à sua poderosa intercessão. Ora, a melhor disposição de nossa alma, para assegurar o sucesso da trezena, é, antes de tudo, purificá-la por uma boa confissão. Amo os corações puros, disse o Senhor, e suas súplicas me são sempre agradáveis.

2º Obras de caridade

À pureza de coração, condição essencial para receber graças, aconselhamos insistentemente juntar uma obra de caridade. Como é a Santo Antônio que se dirige, para obter mais seguramente qualquer favor, é bom interessá-lo pela nossa causa, prometendo-lhe, em troca do favor concedido, certa esmola para seus pobres. Esse piedoso costume garante de antemão o êxito da trezena. Temos inúmeras provas que aqui são enumeradas; encontra-se, no fim dos exercícios, um capítulo especialmente consagrado a esse assunto.

3º Oração particular a Santo Antônio para recitar antes de cada exercício da trezena

Eu vos saúdo, grande Santo Antônio, pai e protetor. Eis-me humildemente prostrado a vossos pés para pedir-vos que intercedais por mim diante de Nosso Senhor Jesus Cristo, para que Ele se digne conceder-me, por vosso intermédio, a graça que desejo (*pede-se a graça*), se for da vontade de Deus, à qual me submeto inteiramente. Peço-vos, amável Santo, pela firme confiança que tenho em Deus, a quem servistes fielmente, e pela confiança que deposito em Maria, a quem tanto honrastes. Imploro-vos, pelo amor desse doce Jesus menino, que carregastes em vossos braços. Suplico- vos, por todos os favores que Ele vos concedeu neste mundo, pelos prodígios sem número que Deus operou e continua a operar diariamente por vossa intercessão. Peço-vos, enfim, pela grande confiança que tenho em vossa proteção. Assim seja.

Exercícios da trezena

PRIMEIRO DIA

Radiosa infância de Santo Antônio

Eu vos saúdo, etc., p. 10

Santo Antônio de Pádua, o grande taumaturgo, o glorioso filho de São Francisco de Assis, nasceu em Lisboa, no dia 15 de agosto de 1195. Pertencia, pelo lado paterno, à ilustre família de Godofredo de Bulhões e, pelo lado de sua mãe, Maria Teresa de Távora, à família real das Astúrias. Educado com particular cuidado por mãe piedosíssima, triunfou do demônio desde a mais tenra idade e consagrou-se ao Senhor.

Completando dez anos, entrou no colégio dos cônegos da catedral, onde se fez admirar por sua piedade angélica. Aos quinze anos, renunciando às vantagens do mundo, entregou-se sem reserva ao serviço de Deus, em um convento dos cônegos de Santo Agostinho, em sua cidade natal. Surpreendeu-os pelo gênio precoce e edificou-os pelas virtudes raras. Apaixonado pela oração, não podia entregar-se a ela com todo o ardor de sua piedade, pelas frequentes visitas dos parentes e amigos. Pediu e obteve dos superiores autorização de se retirar para o convento mais solitário de Santa Cruz de Coimbra, onde passou dez anos no exercício de todas as virtudes religiosas. O tempo que lhe sobrava da observância regular, consagrava-o à meditação e ao estudo dos livros santos. Dotado de prodigiosa memória, retinha tudo que lia. Foi na leitura assídua da divina palavra que aqueceu o coração para oferecê-lo ao Senhor, abrasado de amor. Dócil às inspirações da graça, aplicava-se a conhecer e procurar tudo que podia ser agradável a Deus, sem ouvir as resistências da natureza, as mentiras do espírito das trevas nem as ilusões dos sentidos.

Como boa árvore plantada em terra fértil, Fernando de Bulhões crescia e adornava-se para dar frutos abundantes no tempo preciso.

Como sois feliz, ó Santo Antônio, por terdes compreendido tão cedo que não era demasiado empregar toda a vida a servir a um Deus que não cessa um instante de nos amar; estou convencido de que quem recusa os primeiros anos ao Criador recusa-lhe a mais bela e melhor parte que possui. Como vos felicitais agora de não terdes ouvido a voz enganadora do mundo, que vos afastava de vossos projetos. Se, em vez de vos consagrardes a Deus sem reserva, seguísseis os conselhos de pérfidos amigos, oh! não poderíeis ser hoje meu protetor! Agradeço-vos por Deus, porque o fizestes por mim. Deploro os anos perdidos, as graças recusadas, e espero, com vosso auxílio, mostrar-me mais fiel para o futuro.

Exemplo

Um dia, durante os primeiros anos de sua vida, o jovem Fernando rezava, com as mãos postas, diante da imagem da Santíssima Virgem. Súbito, o demônio, invejoso da beleza de sua alma, apareceu-lhe sob uma forma horrenda, ameaçadora, procurando afastá-lo de Maria. O menino, lembrando-se do que havia aprendido sobre o poder do sinal da cruz, traçou-o imediatamente sobre o mármore onde estava ajoelhado. Oh! maravilha! A pedra tornou-se flexível sob esta pressão e recebeu a marca da cruz, mais terrível do que o raio para expulsar o espírito mau. O tempo não o apagou e ainda hoje os peregrinos beijam este vestígio inapagável do primeiro prodígio de Santo Antônio de Pádua.

Máxima de Santo Antônio: "É santo quem faz todas as ações com número, peso e medida".

Oração

Suplico-vos, grande Santo, em consideração de vossa fidelidade em seguir os atrativos da graça, e pelos méritos das virtudes que praticastes no século e no claustro, obterdes-me de Deus a docilidade às boas inspirações e força para resistir aos combates da carne e às seduções do mundo. Espero poder recuperar, por minha fidelidade, o tempo perdido. Peço-vos também obterdes-me a graça particular esperada por intermédio desta trezena. Assim seja.

Ladainha de Santo Antônio (p. 79)
Responso em honra de Santo Antônio (p. 102)
Pai-nosso..., Ave-Maria..., Glória...

SEGUNDO DIA

Vocação franciscana de Santo Antônio

Eu vos saúdo, etc., p. 10

Santo Antônio amou a Deus por Deus. Não se deixou prender a essas suavidades que a tibieza nos leva a procurar nos prazeres sensíveis e mesmo nos exercícios espirituais, o que faz com que não se encontre Deus, porque a alma dele se afasta. Vida por vida, alma por alma, amor por amor, imolação total de si mesmo para a glória de Deus: era a divisa de Antônio.

Ora, enquanto ele estava no convento de Santa Cruz, levaram com grande pompa as relíquias de cinco franciscanos que tinham regado com seu sangue as terras da África. Ninguém se enterneceu mais do que ele com o esplendor dessas festas. "Oh! exclamava, contemplando os preciosos despojos. Oh! se o Altíssimo se dignasse associar-me a seus gloriosos sofrimentos! Se me fosse dado ser perseguido pela fé, dobrar o joelho e oferecer minha cabeça ao carrasco! Fernando, esse dia brilhará para ti? Fernando, terás essa felicidade?" Não se contém mais: sua alma, jovem, inocente, generosa, toda abrasada de amor por Deus e do desejo do céu, só tem uma ambição – o martírio, quer dizer, testemunhar a Deus seu amor pelo sacrifício de sua vida no meio dos tormentos. Mas como conseguir isso?

Os santos mártires ouviram os suspiros do jovem Fernando e, para responder-lhe, enviaram-lhe religiosos de São Francisco, aos quais poderia falar de seus projetos.

"Desejo com todo o ardor de minha alma, disse-lhes confidencialmente, tomar o hábito de vossa Ordem. Estou pronto a tudo fazer, com a condição de, depois de me terdes revestido das librés da penitência, me enviardes ao país dos sarracenos, para que também mereça ter parte na coroa de vossos mártires".

A aprovação não se fez esperar.

Dom Fernando foi recebido de braços abertos na Ordem de São Francisco, com o nome de Antônio. Os superiores guardaram a palavra. Admitiram-no, após o noviciado, à profissão, e enviaram-no às plagas da África, onde São Bernardo e seus companheiros receberam a coroa do martírio. Mas Deus reservara a Antônio outra glória. Queria fazer dele uma vítima do amor divino e destinava-o a propagar a Ordem seráfica.

Ó verdadeiro herói da cruz de Jesus Cristo, Santo Antônio, vossa conduta condena minha lassidão! Caminhais de virtude em virtude; sem considerar o que já fizestes por Deus, não olhais senão o que de mais perfeito vos resta fazer. Quereis Deus por Deus, sem procurar o amor-próprio. Longe de desfalecerdes em vosso fervor e generosidade, estudais todos os meios capazes de aumentá-los. Ide, então, ao altar imolar-vos, vítima puríssima; vosso exemplo servirá de aguilhão à minha indiferença. Contemplando-vos, tomarei sentimentos de generosidade. *Deus só!* será minha divisa, e sua soberana vontade, minha regra de conduta...

Exemplo

Um jovem noviço, cedendo a um pensamento de desânimo, resolveu voltar ao mundo. Perder a vocação é sempre uma desgraça e às vezes desastre irreparável. Santo Antônio foi advertido, por uma revelação, da tentação e das angústias do jovem noviço. Procurou-o, encorajou-o e disse-lhe, soprando-lhe na boca: "Recebe o espírito de força e sabedoria". Imediatamente o noviço caiu como morto, enquanto sua alma em êxtase era transportada ao céu. Quando recuperou os sentidos, quis contar o que vira, mas o Santo lho proibiu. A tentação desapareceu e o noviço tornou-se religioso exemplar.

Máxima de Santo Antônio: "Quem não pode fazer grandes coisas faça ao menos o que estiver na medida de suas forças; certamente não ficará sem recompensa".

Oração

Meu amado protetor, Santo Antônio, em consideração de vosso heroico amor a Deus e do ardente desejo do martírio que vos abrasava, peço-vos obter-me força, coragem e resignação para sustentar, ao menos com paciência e sem queixa, as provações e as adversidades que forem da vontade do céu enviar-me. Aceito-as em expiação de meus pecados: espero, com o socorro de vossas preces, ser mais generoso e constante em minhas boas resoluções. Ainda vos renovo o pedido pelo qual comecei esta trezena. Assim seja.

Ladainha de Santo Antônio (p. 79)
Responso em honra de Santo Antônio (p. 102)
Pai-nosso..., Ave-Maria..., Glória...

TERCEIRO DIA

Humildade de Santo Antônio

Eu vos saúdo, etc., p. 10

Desejar ser ignorado e reputado por pouco é a perfeição da humildade. Abaixar-se em todas as coisas e colocar-se abaixo de todos para crescer diante de Deus, morrer a si mesmo, para fazer triunfar a glória de Deus: tal é o ideal que seguirá Santo Antônio. Não podendo receber o martírio do sangue, devotar-se-á sem medida ao martírio da renúncia. Escondeu seus talentos com tanto cuidado, que durante muito tempo os confrades olharam-no quase como ignorante. Tão reservado era na conversação que passava por imbecil, e só lhe confiavam os empregos mais vulgares do convento. Enfim, mais por piedade do que por satisfação, o padre guardião do convento de Monte Paulo encarregou-o da lavagem da louça e da limpeza da casa. Santo Antônio tudo aceitou sem dizer a menor palavra sobre sua origem e sem a menor alusão aos vastos conhecimentos teológicos recebidos. Conhecer Jesus, e Jesus crucificado, amá-lo, unir-se a Ele, era a única ambição.

Perfeito discípulo de Jesus Cristo e do patriarca São Francisco, Antônio de Pádua, todas as gerações admirarão essa profunda humildade. Ornado de todos os dons da natureza e da graça, vos acháveis incapaz de ser útil aos outros e escolhíeis sempre o último lugar. Satisfeito com o olhar de Deus, evitáveis os louvores humanos. Oh! que contraste com minha conduta como temo examinar-me! Como posso nutrir tanto orgulho, com tamanhos defeitos, enquanto que vós, cheio de méritos, não vedes ninguém abaixo de vós? Também estou castigado de meu orgulho e presunção por minhas recaídas contínuas e pela ausência de todo o favor celeste!

Exemplo

Os fariseus, confundidos por Cristo Jesus, maquinaram sua morte. Assim fizeram os heréticos de Romanha, em relação a Santo Antônio de Pádua.

Vencidos pelo taumaturgo, resolveram vingar-se, insultando-o. Para isso convidaram-no para um jantar e lhe ofereceram uma bebida envenenada. Por inspiração divina, o Santo conheceu o perigo que lhe estava reservado e repreendeu-os severamente. Não desanimaram e juntaram à crueldade as zombarias, dizendo: "Credes ou não no Evangelho? Se nele credes, por que duvidais da promessa de vosso Mestre: *Meus discípulos expulsarão os demônios e os venenos não lhes farão mal?* Se não credes na verdade do Evangelho, por que o pregais? Tomai o veneno; se ele não vos fizer mal, juramos abraçar a fé católica!" – "Eu o farei, replicou Santo Antônio, não para tentar a Deus, mas para provar-vos quanto é do meu desejo a salvação de vossas almas e o triunfo do Evangelho". Fazendo o sinal da cruz sobre a bebida envenenada, tomou-a sem sofrer a menor indisposição. Os heréticos por sua vez foram fiéis ao juramento e entraram no grêmio da Igreja.

Máxima de Santo Antônio: "A humildade é o começo das boas ações, como o botão é o começo da flor".

Oração

Meu Santo protetor, glorioso Santo Antônio, dignai-vos pedir por mim. Se Deus nada recusa às almas humildes, obtende-me a graça da humildade, que é o fundamento de todas as virtudes. Se até hoje minha vida nada mais foi que contínuas recaídas, compreendo, foi em consequência de meu orgulho; se sou tão pouco paciente, tão pouco caridoso, tão pouco obediente, é ainda por causa de meu orgulho;

se sou vítima de minhas paixões, molestando o próximo, a origem é sempre o orgulho. Espero em vós, grande Santo; ajudai-me a corrigir-me desse incrível defeito, e não me recuseis vossa assistência pela graça que vos solicito durante esta trezena.

Santo Antônio, desejo imitar-vos. Assim seja.

Ladainha de Santo Antônio (p. 79)
Responso em honra de Santo Antônio (p. 102)
Pai-nosso..., Ave-Maria..., Glória...

QUARTO DIA

Obediência de Santo Antônio

Eu vos saúdo, etc., p. 10

A obediência é a pedra de toque da verdadeira humildade. Quanto mais uma alma se despreza, mais agrada a Deus e mais facilmente se submete às ordens dos que o representam. É o que nos mostra Santo Antônio. Apesar do grande atrativo para a vida humilde e escondida, à voz da obediência, renunciava sem hesitação a seus desejos, revelava seus talentos e corria aonde os superiores o chamavam. Foi a essa dependência absoluta antes que aos talentos que se atribuíram todas as maravilhas de sua vida apostólica. Deus disse: *O homem obediente caminhará de vitória em vitória.* Santo Antônio esforçava-se também na prática dessa virtude; foi à África procurar o martírio por obediência; voltou à Itália por obediência; ficou escondido por obediência; se prega, se ensina teologia, se compõe obras, é ainda por obediência; se exerce o cargo de guardião ou de provincial, é sempre por obediência. De uma parte, fundado sobre a humildade, não se julga bom para nada; dirigido pela obediência, sente-se capaz de tudo empreender, de tudo fazer. Eis o verdadeiro santo, eis o único meio de fazer frutificar o talento que

Deus nos confia; eis o caminho mais curto para chegar ao céu.

Ó feliz Santo Antônio, modelo de obediência, tesouro de perfeição; não vos credes bom senão para obedecer; só estimais a dependência e a submissão; e eu, com todos os meus defeitos, estou cheio de presunção e apegado às minhas ideias. Revolto-me contra a dependência e, se obedeço, é só imperfeitamente. Meu santo protetor, serei mais tempo joguete de meu amor-próprio, escravo de minhas vontades? Quanto tempo perdido, a quantos prazeres me entreguei inutilmente, sem proveito para os outros, sem sucesso para mim, porque minhas ações não eram dirigidas pela obediência!

Exemplo

Achava-se um dia Santo Antônio na cidade de Rímini, na Romanha, procurando um meio de levar a Deus as multidões que as paixões desgarravam. Implorou a proteção do Criador e fez sinal ao povo para segui-lo à praia, e conduziu-o à embocadura do Rio Marecchia. Aí, voltando-se para o Adriático, clamou em alta voz: "Peixes do rio, peixes do mar, ouvi. Quero anunciar-vos a palavra de Deus, uma vez que os heréticos recusam ouvi-la". À sua voz as ondas agitaram-se; inúmeras tribos desses habitantes, que povoam o mar, correram para aquele que os tinha chamado. "Meus irmãos peixes, disse-lhes o taumaturgo, deveis ao Criador um reconhecimento sem medida. Foi Ele que vos designou para morada esses imensos reservatórios.

Foi Ele que vos deu essa casa nas profundezas das águas, para refúgio na tempestade; deu-vos nadadeiras para irdes aonde quiserdes e vos forneceu a comida de cada dia. Criando-vos, ordenou crescerdes e multiplicar-vos e abençoou-vos. No dilúvio universal, enquanto os outros animais pereciam nas águas, conservou-vos.

Fez-vos a honra de escolher-vos para salvar o Profeta Jonas, fornecer o tributo ao Filho do homem e servir-lhe de alimento antes e depois da sua ressurreição.

Louvai e bendizei ao Senhor, que vos favoreceu entre todos os seres da criação".

Atentos, como se fossem dotados de inteligência, os peixes testemunhavam por movimentos que tinham prazer em ouvir o Santo e queriam dar a Deus o mudo tributo de suas adorações.

"Vede, exclamou Santo Antônio, voltando-se para os heréticos, admirai como criaturas privadas da razão ouvem a palavra de Deus com mais docilidade do que os homens criados à sua imagem e semelhança!"

Máxima de Santo Antônio: "A verdadeira obediência é humilde, devota, diligente, jovial e perseverante".

Oração

Santo Antônio, eis a vossos pés um miserável orgulhoso que até hoje só quis sujeitar--se a si. É com inteira confiança que venho pedir-vos para obter-me, pelos méritos de vossa obediência, mais esta virtude em que tanto sobressaíste e sem a qual não posso agradar a Deus. Reconheço hoje que a minha vontade própria é o maior obstáculo que encontro no caminho da perfeição. O exemplo de Jesus obediente deveria fazer-me compreender mais depressa a necessidade do desprendimento e da obediência. Confesso-me bem culpado e sem desculpa. Meu Santo Protetor, rogai por mim; fazei também que, por vosso intermédio, obtenha a graça que reclamo, especialmente durante esta trezena. Assim seja.

Ladainha de Santo Antônio (p. 79)
Responso em honra de Santo Antônio (p. 102)
Pai-nosso..., Ave-Maria..., Glória...

QUINTO DIA

Zelo apostólico de Santo Antônio

Eu vos saúdo, etc., p. 10

Santo Antônio, morto a si mesmo pela humildade, vivendo pela obediência aos superiores, agindo pelo amor de Deus, levado ao próximo pela caridade, devia naturalmente estar animado de verdadeiro zelo apostólico. Para livrar as almas do inferno nada lhe custa; não se cansa de pregar, castiga o corpo pelos que não o fazem, chora pelos que não choram; humilha-se pelos que não se humilham; perdoa pelos que não perdoam e obedece pelos que não obedecem. Seus amigos são os fracos e os aflitos. Cheio de bondade para com os humildes, é, entretanto, sem piedade para com os orgulhosos: como o divino Mestre, ameaça-os com a cólera divina! A exemplo do seráfico Pai, quer, com os maiores sacrifícios, ganhar almas, muitas almas para Deus! Para chegar a esse resultado, far-se-á tudo para todos, como o grande Apóstolo. Não é isso bastante? Pede ao céu prodígios para tocar os corações. Todos lhe obedecem. Sua palavra brilhante, poderosa, é como um *gládio de pontas afiadas; atinge até à divisão da alma e do espírito.* Sua caridade torna-o também útil a todos. Quem poderia contar quantos pecadores lhe devem a salvação! e em quantos corações acendeu as chamas do amor divino!... Não é sem razão que a piedade dos povos chama Santo Antônio de homem apostólico.

Ó grande Santo Antônio, vós vos esquecestes a vós, para só pensardes nos interesses dos outros! Compenetrado do preço de uma alma, daríeis vossa vida para ganhá-la a Deus. Não contente de fazer ouvir a palavra divina, ofereceis diariamente, pelos pecadores, o sacrifício de vós mesmo pela mortificação e penitência.

Considerando vosso zelo, deploro minha culpada indiferença. Coloco sempre os interesses temporais acima dos espirituais; só sinto aborrecimento e fadiga na oração e mortificação: ouço a palavra de Deus apenas por curiosidade e com bastante frieza. Faço sacrifícios pela terra e nada para o céu.

Exemplo

Um dia, em Tolosa, um rico e poderoso incrédulo, chamado Guialdo, teve longa discussão com Santo Antônio, sobre o dogma, para ele inadmissível, da presença real de Nosso Senhor na Eucaristia! "Quê!, replicou o homem de Deus, o muçulmano crê na palavra de Maomé; o filósofo, no testemunho de Aristóteles; e vós, cristão, recusais crer na afirmação tão nítida e tão luminosa do homem-Deus". – Crer não basta, respondeu o incrédulo; queria ver! Irmão Antônio, disse ao apóstolo, se puderdes demonstrar por um fato sensível o que demonstrais pela razão, abjurarei as minhas crenças e abraçarei a vossa. Aceitais a proposta? – Certamente, respondeu o Santo. – Tenho uma mula, continuou o herege, prendê-la-ei e deixá-la-ei em jejum durante três dias. No fim desse tempo levá-la-ei à praça pública em presença de todos, e lhe apresentarei a ração de aveia. Por vosso lado lhe mostrareis a hóstia, que, segundo as vossas palavras, contém o corpo do homem-Deus. Se a mula rejeitar a aveia para ajoelhar-se diante da hóstia, eu me declararei católico.

No dia marcado, na praça, entre as zombarias de uns e apreensões de outros, apareceu o apóstolo com o Santíssimo Sacramento e o herege com a mula. Era solene o momento. Antônio impôs silêncio, e, virando-se para o animal, lhe disse: "Em nome de teu Criador, que trago, embora indigno, em minhas mãos, conjuro-te e ordeno-te, ó ser desprovido da razão, a vir imediatamente prostrar-te diante dele, para que os hereges reconheçam, por este ato, que toda a criação está sujeita ao Cordeiro que se imola sobre nossos altares". Ao mesmo tempo ofereceram à mula o que reclamava seu estômago, e ela, dócil à voz do taumaturgo, sem tocar na aveia, avança, dobra os joelhos diante do Santíssimo Sacramento, em atitude de adoração. A vitória do Santo foi completa. O herege confessou lealmente suas faltas, e, fiel à palavra que empenhara, abjurou publicamente seus erros.

Máxima de Santo Antônio: "Embora Deus seja paciente, porque é bom, pune, entretanto, porque é justo".

Oração

Ó meu bem amado protetor Santo Antônio, suplico-vos, pelo zelo da salvação das almas, que vos fez suportar tantas fadigas, obtende-me um verdadeiro ardor para trabalhar na minha salvação. Fazei-me compreender a rapidez do tempo, a vaidade do mundo, a malícia do pecado e os bens do céu. Sereis, hoje, menos zeloso da glória de Deus e do bem das almas do que o fostes durante vossa vida terrestre? Sereis menos poderoso para tocardes os corações e esclarecerdes os espíritos? A confiança que em vós deposito poderá tornar-se enganadora e sem resultado? Não, grande Santo, como testemunho do contrário, tenho a palavra do responso que me garante que, se para salvar-me fora preciso um milagre, a vós deveria recorrer. Peço-vos, então, este prodígio, assim como o favor que constitui o objeto especial desta trezena. Assim seja.

Ladainha de Santo Antônio (p. 79)
Responso em honra de Santo Antônio (p. 102)
Pai-nosso..., Ave-Maria..., Glória...

SEXTO DIA

Caridade de Santo Antônio

Eu vos saúdo, etc., p. 10

Uma alma que vai ao encalço de Deus não para nunca; com os olhos fixos no céu não vê obstáculos, e, se acontece a tribulação atingi-la, exclama com São Paulo: *Superabundo de alegria no meio de minhas tribulações*. Que pode desanimar uma alma enamorada do amor de Deus? Santo Antônio era uma dessas almas. Cheio de compaixão pelos pobres pecadores, caminha para eles sem desfalecimento, e a misericórdia que lhes testemunha reconcilia-os com Deus, e ganha-os definitivamente. A caridade e urgentes solicitações triunfam dos corações mais endurecidos. Os fracos, os hesitantes, os aflitos acham sempre nele um pai, um amigo, um consolador. Sua paciência no augusto ministério da confissão é inesgotável. Nada o demove. A saúde, embora fraca e delicada, não o priva de aí passar uma grande parte de seu tempo; em compensação, a confiança que depositam em sua direção opera prodígios.

Um dia um pobre pecador estava tão sufocado pela emoção e arrependimento de seus pecados que lhe era impossível proferir uma só palavra. Santo Antônio lhe aconselhou então a trazer os pecados por escrito. O penitente obedeceu, mas, quando o homem de Deus recebeu o papel das mãos do penitente, a escrita tinha desaparecido, estava tão limpo o papel, como se nada tivesse escrito! (Bol.; Vit., c. 13).

Que alegria, para a alma desse homem, ouvir o Santo dizer: "Ide em paz, meu irmão, Deus tudo perdoou".

Ó caridoso médico das almas, Santo Antônio, vosso zelo em ouvir os pecadores prova o quanto os amais. Apesar de vossas enfermidades e numerosas fadigas, passais dias inteiros a reconciliá-los com Deus, e eu, coberto de pecados, culpado diante de Deus e dos homens, difiro, rebato, para não me incomodar, e também por indiferença. Queixo-me de esperar alguns momentos para receber meu perdão, que Jesus Cristo mereceu-me depois de trinta e três anos de trabalhos. Para recobrar a saúde do corpo, ganhar um processo, colocar-me honradamente, adquirir a estima do mundo, fatigo-me da manhã à noite, tomo remédios amargos, submeto-me a operações dolorosas, faço sacrifícios de dinheiro e amor-próprio; e, para purificar minha alma, para ganhar o céu, hesito, lastimo o tempo perdido, tenho um instante de confusão e recuso os remédios.

Exemplo

Havia quatro séculos que Santo Antônio de Pádua ilustrava o mundo com seus milagres, quando uma senhora de Bolonha, sem filhos, sabendo dos numerosos benefícios do taumaturgo, suplicou-lhe ter piedade dela e acabar com o longo castigo de sua esterilidade.

Uma noite, em um sonho misterioso, o Santo apareceu-lhe e disse-lhe: "Ide nove terças-feiras seguidas visitar a igreja dos frades menores. Fazei aí a santa comunhão, e vossos desejos serão realizados". Ela seguiu a prescrição do Santo e ele, por sua vez, mostrou-se fiel à promessa que fizera.

Máxima de Santo Antônio: "Os pecados dos cristãos são cobertos de confusão maior do que os dos judeus e dos pagãos".

Oração

Santo Antônio de Pádua, amigo dos pecadores, por que não vos invoquei há mais tempo para obter a cura de minha alma, a dor de meus pecados? Suplico-vos, fazei que para o futuro tema o pecado, evite as ocasiões, e que, se por desgraça recair em meus maus costumes, ao menos não permaneça no mal. Sou tão fraco que tudo temo; mas, se vos dignardes velar por minha alma, parece-me que então poderei perseverar. Meu Santo Protetor, será inutilmente que a vós me recomendo e o nome de Antônio não será ainda hoje como outrora terrível ao inferno, poderoso no céu e abençoado na terra? Por piedade, consenti que insista junto a vós, para merecer este favor, que solicito durante estes treze dias. Assim seja.

Ladainha de Santo Antônio (p. 79)
Responso em honra de Santo Antônio (p. 102)
Pai-nosso..., Ave-Maria..., Glória...

SÉTIMO DIA

Fervor de Santo Antônio

Eu vos saúdo, etc., p. 10

Trabalhando para a salvação das almas e para a glória de sua Ordem, Santo Antônio não se descuidava de sua própria perfeição. Não ignorava que a carne domina o espírito e, quando se deixa dominar por ela um instante, se não renovar suas provisões, fica logo arruinado. Serviu-se então, desde o primeiro dia de sua vida ao último, dos meios que todos os santos empregaram para se manter no fervor, quer dizer, na vigilância sobre os sentidos: a oração e a mortificação. Em vão quer-se ir a Deus por um outro caminho; os santos sem esses meios cairiam no relaxamento, seriam privados das graças interiores para si mesmos e dos dons sobrenaturais para o próximo. Santo Antônio rezava com lágrimas e sem cessar. Sem falar no ofício divino que recitava sempre com grande piedade, celebrava todas as manhãs os santos mistérios com um fervor verdadeiramente angélico, preparando-se sempre pela oração e a meditação. Sempre, durante o dia, elevava seu coração para a Rainha do céu: Ó gloriosa soberana! *O glorioso Domina!*, gostava de repetir. Era como a respiração de sua alma. De porte grave e doce, costumava dizer, como seu bem-aventurado Pai, que a modéstia é uma prática. O silêncio, o recolhimento, a vida escondida em Deus faziam suas delícias.

Muito austero era seu modo de vida, recusando ao corpo tudo o que não era rigorosamente necessário. Praticava os votos e a observância regular, com toda a perfeição.

Ó grande Santo Antônio, o profundo conhecimento que tínheis de vós mesmo vos tornava sempre prudente, sabíeis que não se deve presumir de si mesmo, por mais sublime que seja a vocação a que Deus nos destine e os favores que nos faça. Vossa prudência consistia em rezar muito, velar sobre os sentidos, mortificar o corpo e o espírito e praticar, à letra, a regra que abraçastes. Tornastes-vos santo, porque perseverastes no emprego desses meios. Se eu os tivesse empregado com fidelidade e perseverança, estaria hoje muito adiantado na virtude; mas, como confiei em minhas forças, quis ouvir minha preguiça e sensualidade, em uma palavra, porque desejei o fim sem tomar os meios, estou ainda sob o peso de minhas más inclinações.

Exemplo

Uma tarde, durante a oração que seguia o canto de matinas, os companheiros de Santo Antônio viram um bando de malfeitores devastando a seara no campo vizinho, que pertencia a um dos benfeitores do convento. Correram a contar o sucedido ao Santo.

"Desenganai-vos, respondeu, é um artifício do demônio, que nada mais deseja que vos afastar por esse meio do exercício da presença de Deus". Quando amanheceu, a seara estava intacta e os religiosos viram mais uma vez em que grande medida a alma do seu superior estava ornada dos dons do Espírito Santo.

Máxima de Santo Antônio: "Aquele que detém voluntariamente os olhos e o espírito na tentação cairá facilmente no pecado".

Oração

Meu caro protetor Santo Antônio, vosso exemplo cobre-me de confusão! Compreendo minha indesculpável temeridade. Até hoje pretendi, sem vigilância, sem oração e sem mortificação, triunfar de meus inimigos e vencer minhas paixões. Oh! peço-vos, em consideração desta vigilância, que exercestes sobre vós, obterdes-me a fidelidade e perseverança nos meios que vos asseguraram a coroa da vida. Não cessarei de a vós me dirigir para obter esse favor. Santo Antônio, compadecei-vos de minha miséria, não me recuseis vossa assistência; é para a maior glória de Deus que isso vos peço. Fazei-me também receber a graça que vos solicito mais especialmente durante esta trezena. Assim seja.

Ladainha de Santo Antônio (p. 79)
Responso em honra de Santo Antônio (p. 102)
Pai-nosso..., Ave-Maria..., Glória...

OITAVO DIA

Favores concedidos a Santo Antônio

Eu vos saúdo, etc., p. 10

Se o descendente de Godofredo de Bulhões tudo deixou para caminhar após o Mestre, teve a recompensa do cêntuplo desde esta vida. Antônio, renunciando às satisfações dos sentidos, recebeu em abundância delícias espirituais; abdicando a vontade, dominou todos os povos; privando-se dos bens terrestres, toda a natureza depositou tesouros em suas mãos; deixando a família, pais, amigos, o mundo inteiro deu-lhe o doce nome de pai. Seu espírito, desapegado dos laços da matéria, elevava-se sem esforço a Deus, dando lugar a tal intimidade com Jesus, rara mesmo entre os santos. A inteligência, despojada das ilusões do amor-próprio, faminta da verdade eterna, fê-lo nutrir-se com saciedade e alegria das palavras do Espírito Santo; descobre luzes que o esclarecem, fortificam e o tornam como impecável; o corpo, imolado, quase não sente os aguilhões da carne e o deixa em estado de repouso; o coração, desapegado da criatura, pode entregar-se com transporte às deliciosas ternuras do amor divino. Se o espírito das trevas procura inquietá-lo, invoca Maria, que corre imediatamente em seu socorro; e, para selar tantos favores, e compensá-lo de todos os sacrifícios, o Menino Jesus desce visivelmente em seus braços, acaricia-o, dá-lhe beijos e fala-lhe familiarmente. Antônio conta apenas trinta e seis anos e está há muito tempo morto a tudo que o cerca: a nada mais aspira senão ao céu, nada mais lhe resta que reunir-se àquele que será sua recompensa e ventura na eternidade. Ó preciosa morte! Ó feliz vida! Bem-aventurado Antônio, gozastes desde esta vida do fruto de vossos trabalhos; sentistes antecipadamente quanto o Senhor é bom para os que se dão inteiramente a Ele. O Deus de amor, que não se deixa vencer em generosidade, deu-vos antecipada recompensa; mas, para merecê-la, para chegar a tão feliz repouso de alma, tudo deixastes, tudo imolastes, tudo sacrificastes: corpo, alma, coração, parentes, amigos, felicidade, futuro. Trabalhastes antes de repousar; sofrestes antes de gozar; procurastes Deus unicamente por Ele, sem interesses terrestres. Oh! que diferença entre vossa conduta e a minha! Apenas deixo os pecados e pretendo logo as carícias de Jesus; começo a trabalhar, logo o corpo pede repouso; ofereço os primeiros sacrifícios, quero imediatamente a recompensa e a coroa; cheguei à vinha do Senhor na undécima hora, e queixo-me de fadiga, murmuro, pensando não ser tratado com justiça.

Exemplo

Foi em Roma, em 1830. Uma criança de seis anos, brincando à beira de uma janela, caiu do terceiro andar à rua. "Santo Antônio, Santo Antônio, rogai por nós!", exclamou a mãe, vendo-a cair; assustadíssima, desceu, julgando ter a criança morrido instantaneamente. No entanto, ela nada sofrera. Nem uma contusão! Nem um ferimento! "Um frade, disse o pequeno, amparou-me nos braços e colocou-me docemente no chão". A senhora conduziu-o à igreja para dar graças a Deus. O menino, vendo um quadro, exclamou: "Olha ali, olha ali! o frade que me salvou!" O frade era o poderoso taumaturgo, Santo Antônio de Pádua.

Máxima de Santo Antônio: "A ação é de algum modo mais eloquente do que a palavra".

Oração

Caríssimo protetor, Santo Antônio, amado de Deus e dos homens, oh! quanta necessidade tenho de ficar junto a vós, de não mais perder-vos de vista! Vós me ajudareis a combater generosamente, a querer o trabalho, para merecer recompensa, a suportar a fadiga, para alcançar o repouso, a imolar a existência, para chegar à vida. Sei perfeitamente que, se pedirdes por mim esta graça, Jesus Cristo não vo-la negará. Podeis e fareis; ponho em vós minha confiança. Meu amantíssimo Santo Antônio, não me recuseis este ato de bondade. Peço-vos também não permitir que faça esta trezena sem receber a graça particular que de vós espero. Assim seja.

Ladainha de Santo Antônio (p. 79)
Responso em honra de Santo Antônio (p. 102)
Pai-nosso..., Ave-Maria... Glória...

NONO DIA

Esperança de Santo Antônio

Eu vos saúdo, etc., p. 10

A esperança é uma virtude que suaviza todos os males da vida presente ou futura, e que nos inspira resignação à Providência, pelas recompensas que promete aos que têm confiança na sua misericórdia. Esta virtude era para Santo Antônio uma dádiva generosa de Deus que o levou, até o fim de seus dias, por um caminho suave e agradável, uma vez que regulou a esperança com a consideração do objeto a que ela se dirige. Com a ajuda desta virtude, Antônio suportou facilmente e de bom grado os males da vida, e alcançou inteira e completa resignação à vontade de Deus, sustentando sua alma até os braços da morte, contra o embate das aflições de que foi semeada a sua vida. Devemos esperar em Deus, que é a fonte de toda a esperança, e jurar sobre sua palavra, porque Ele não se engana.

Ó Antônio, deixando vossa alma apossar--se destes pensamentos e praticando em vossas ações o que era conforme a eles, destes tão cabal desempenho a esta virtude da esperança e tivestes tão firme persuasão e confiança no seu valor, que operastes por ela, em nome de Deus, muitos e muitos singulares prodígios, não só entre os homens, mas até sobre os ventos e os mares; elevastes esta virtude a tão alto grau, que nada desejastes que não conseguísseis, pela consideração firme e contemplação viva que tínheis no objeto sublime da esperança e confiança em Deus.

Exemplo

Tendo certo cidadão de Pádua, especial devoto do Santo, esperança de um filho de seu matrimônio, pediu-lhe com lágrimas e fervorosas súplicas esta grande mercê, que o Santo lhe concedeu, depois de provada esterilidade de sua mulher. Quando já o menino contava sete anos de idade, brincando um dia com os outros meninos, caiu casualmente em um tanque que estava cheio de água para fazer andar o moinho que ficava por baixo. O tanque arrombou, e foi tão forte a corrente que levou o menino, sendo infalível a desgraça, se não lhe valesse o auxílio sobrenatural. Sabendo da desgraça, o pai levantou a voz em tom significativo: "Apareça meu filho, porque, enquanto o não tiver diante de mim, faço voto a Deus e a Santo Antônio, que mo alcançou, de não comer nem beber coisa alguma". Nesse momento apareceu o menino com os companheiros, acompanhados de inumerável concurso de gente. Disseram os meninos que o Santo em pessoa os detivera, conduzira a todos para fora e, lançando-lhes a bênção, desaparecera.

Máxima de Santo Antônio: "Tua caridade para com o próximo deve manifestar-se de três modos: se te ofendeu, perdoa-lhe; se se afastou do caminho da verdade, instrui-o; se tiver necessidade, socorre-o".

Oração

Prodigioso Antônio, vós que tivestes por norma de vossos pensamentos e guia de vossas ações a virtude da esperança eterna, vós que possuístes, em vista da salvação eterna, a esperança no mais elevado grau de que são capazes os homens, consagrai, com a vossa, as minhas esperanças, e elas terão a mesma firmeza e o mesmo valor. Purificai os meus conhecimentos e compreendei que é feliz quem espera em Deus e em suas promessas. Assim, confiado na sua palavra, não vacilarei no meio das tribulações que me oprimem. Superior a todos os obstáculos, meus inimigos perceberão em mim uma força oculta que lhes resista. Imitarei assim o vosso exemplo, e a minha confiança me fará esperar a graça que peço a Deus, por vossa intercessão. Assim seja.

Ladainha de Santo Antônio (p. 79)
Responso em honra de Santo Antônio (p. 102)
Pai-nosso..., Ave-Maria..., Glória...

DÉCIMO DIA

Abstinência de Santo Antônio

Eu vos saúdo, etc., p. 10

A abstinência é uma virtude que consiste na privação voluntária de coisas agradáveis e permitidas que nos infligimos a nós mesmos, com a intenção de nos tornarmos perfeitos. O objeto desta virtude são todos os prazeres, cujo gozo é permitido ao nosso corpo ou ao nosso espírito, mas não pelas regras da virtude. Para ser virtude, é necessário que a abstinência não seja praticada contra a lei de Deus. Por isso, não é justa quando contradiz às vistas da natureza, ou não é dirigida pela prudência, porque desta forma abate as forças e abrevia os dias da existência, fim contrário à natureza, cujas produções são destinadas ao uso, mas não ao abuso.

Era a virtude dominante das primeiras idades do cristianismo: ser cristão era ser homem de abstinência; com ela subjugavam os cristãos suas paixões e adquiriam império sobre o coração.

Esses tempos felizes, vemos renovados nos preciosos dias de Antônio; todos os que o viam, admiravam nele um homem mortificado e abstinente. Seu semblante pálido, mas sereno, era um anúncio feliz de sua abstinência rara; com os olhos na imagem de Deus crucificado, amoldou as suas ações por este grande exemplo. Os próprios inimigos que o tentavam, para corromper-lhe os votos, admiravam nele a constante prática desta virtude austera; abstinência por inclinação e por escolha, embora nascesse longos anos depois de tantos eremitas que, por sua abstinência, faziam florescer o deserto, como campo de lírios; não apareceu menos brilhante nem menos abstinente nas cortes tumultuosas, na solidão ou no retiro; refreava, sempre e sem cessar, os apetites desordenados e governava, como lhe parecia, todas as paixões. E eu, miserável, tão dado à gula, não serei abstinente, pelo amor de meu Deus?

Exemplo

Numa sexta-feira, depois de ter Santo Antônio pregado em uma grande missão, um herege convidou-o a jantar em sua casa. O Santo, talvez obrigado pela necessidade, aceitou. O mau homem, querendo arguir o Santo de hipocrisia, apresentou-lhe em um prato um delicioso capão, dizendo-lhe, fingindo-se triste:

– Sei ser a sexta-feira dia de abstinência, mas, como nada mais tenho em casa para oferecer-te, deves, baseando-te nas doutrinas do divino Mestre, comer o que te puserem à frente.

Conhecendo a malícia do herege, o Santo benzeu o capão, que logo se transformou num mimoso peixe, do qual comeu muito à vontade, quanto quis. Não notando a mudança e julgando tê-lo feito cair no embuste, apanhou o que sobrara e os ossos e procurou o bispo para acusar o Santo de transgredir o preceito. Grande, entretanto, foi seu pasmo, quando, descobrindo o prato, só viu nele espinhas de peixe.

Arrependido, procurou o Santo, confessou-lhe seu pecado e, convencido da santidade de suas doutrinas, entrou no grêmio da Igreja.

Máxima de Santo Antônio: "Devemos guardar os olhos, que são ladrões que roubam a pureza do varão justo".

Oração

Abstinente Antônio, vós que praticastes a virtude da abstinência em todos os seus objetos, fazei que esta virtude, no grau sublime em que a praticastes, seja por mim amada e infundida em meu coração, para que, animado dos mesmos sentimentos e desejos, refreie as minhas paixões e lhes modere a força por meio da mortificação. Para conseguir vencer as dificuldades que me impedem a observância desta virtude, apartai de mim todos os obstáculos que possam tolher-lhe a prática, a fim de que, justificado pela abstinência, no grau em que a conseguistes, me habilite a gozar a vida eterna a que aspiro, recebendo a coroa de glória que Deus decretou a esta virtude no céu, pedindo-vos alcançar-me aqui na terra o que vos peço nesta trezena.

Ladainha de Santo Antônio (p. 79)
Responso em honra de Santo Antônio (p. 102)
Pai-nosso..., Ave-Maria..., Glória...

DÉCIMO PRIMEIRO DIA

A castidade de Santo Antônio

Eu vos saúdo, etc., p. 10

Desde que Santo Antônio fez voto de perpétua virgindade aos pés do altar de Maria Santíssima, parece que essa celestial Mãe dissera a seus anjos: "Guardemos ilibada, livre da mais leve mancha, a esta flor aberta". Os anjos obedeceram: e nós vimo-lo passar a infância livre dos perigos próprios dessa idade.

Como olharia o demônio, inimigo acérrimo da inocência, a essa angélica criatura! Certamente previra quanto um dia iria sofrer por intermédio desse Santo, rebento dos Bulhões. Por isso fazia tudo o que podia para molestá-lo. Antônio, porém, que tinha Deus no coração, não se espantava e sabia afugentar o fantasma com um simples sinal da cruz.

E eu deleito-me na tentação, não procuro o refúgio na oração, como o bem-aventurado Santo Antônio. Prometo-vos, meu querido protetor, não mais ser assim para o futuro, seguindo para sempre vossas santas pegadas.

Exemplo

Certa jovem romana, pobre, mas de pais ilustres, deixara-se enganar por um rapaz apaixonado. Repelira-o a princípio, mas, seduzida por suas lábias e com a promessa por escrito de se casar com ela, cedera... As consequências não tardaram e o pai ameaçou-a de morte se não confessasse o nome do sedutor.

Ela, certa do cumprimento da promessa, confessa tudo. O pai corre ao rapaz, e este, amável, afirma querer cumprir a sua obrigação, pedindo apenas pequena demora para preparar tudo. O pai, receando indispô-lo, não ousa insistir em satisfação imediata. Mas, passam os dias, passam semanas inteiras, e... nada.

– Santo Antônio, meu grande Santo Antônio, salvai-me! – pede a moça. Sabeis como estou arrependida do pecado; vinde em meu socorro, antes que todos saibam da minha desonra!

Nada. A moça vai então ao tribunal da penitência, confessa-se e inicia uma novena a Santo Antônio, a terminar na festa do mesmo, que estava perto.

No dia 13 de junho, o sedutor, levado pela curiosidade, entra na igreja. Deixa correr os olhos pelos ricos adornos do altar até à imagem do Santo, e, de repente, para como que fulminado com o olhar no Santo. Movera-se a imagem, dizendo- lhe:

– Hoje mesmo repararás tua falta, senão...

Lívido, quase desfaleceu. Ao voltar a si, seu primeiro movimento foi fugir; mas refletiu.

Que lhe adiantava fugir? Procurou, então, um confessor, correu a falar com o pai de sua vítima, fez-se acompanhar à igreja e só de lá saiu depois de casado com a jovem incauta.

Máxima de Santo Antônio: "Jesus Cristo nos deu seu coração na cruz, por isso quis que seu lado fosse aberto".

Oração

Com a alma ferida de tantos combates, a vós me dirijo, ó glorioso taumaturgo do mundo inteiro, e de todo o coração imploro vosso auxílio, para que não caia às mãos de meus inimigos espirituais; antes, triunfando com a oração em todas as tentações, quero manter-me fiel a Deus e merecer dele, por vossa intercessão, a salvação eterna e a graça que, com toda a força de minha alma, vos peço neste devoto exercício. Amém.

Ladainha de Santo Antônio (p. 79)
Responso em honra de Santo Antônio (p. 102)
Pai-nosso..., Ave-Maria..., Glória...

DÉCIMO SEGUNDO DIA

Prudência de Santo Antônio

Eu vos saúdo, etc., p. 10

A prudência é uma virtude rara e absolutamente necessária a todos os homens porque é companheira das demais virtudes, que sem ela perdem o nome e a natureza. A prudência prepara o caminho para ser trilhado com segurança. Nos atos em que a prudência age, adquire-se o testemunho da própria consciência na pureza das intenções, legitimidade de sentimentos e realidade das obrigações.

Antônio foi prudente, não ofendeu a verdade nem a justiça, em todos os acontecimentos de sua vida. Por esta virtude soube trilhar um caminho puro e conhecer qual era o que apartava dele. A prudência foi uma luz, de que o espírito lhe brilhava nos sucessos mais difíceis e perigosos; por esta virtude aprendia o seu coração a regular os seus desejos, a compor as suas orações, a presidir suas empresas; com ela regia os afetos, dirigia os atos, corrigia os excessos, compunha os costumes, ornava as palavras e resistia ao artifício da ilusão e da mentira. Sem a prudência, a firmeza degenera em severidade, a doçura é uma condescendência criminosa; e o zelo é quase sempre indiscreto; mas tais eram os conhecimentos de Antônio, que, reguladas pelos sábios ditames da razão, suas correções eram sempre úteis e os avisos saudáveis. Eu, entretanto, não me sei guiar pela prudência; se corrijo, falto sempre à caridade; se premio, sou levado às aras da jactância e minha condescendência indiscreta não me deixa obter os frutos desejados. Quando, ó grande Santo, aprenderei de vós tão bela virtude?

Exemplo

Estando certa ocasião Santo Antônio pregando em uma igreja, entrou um homem, que pelos disparates e tolices que pronunciava, com que incomodava o concurso dos que estavam ouvindo, mostrou ser um louco confirmado. – "Não se cansem, que não sairá daqui o distúrbio, nem entrará o sossego, sem que aquele frade (apontando para Antônio, que estava no púlpito) me dê o cordão com que aperta o hábito". – No mesmo instante o Santo lhe atira com ele, e o homem o aperta a si, e fica logo prudente e sossegado como os outros, e com muito juízo, prestando toda atenção às doutrinas que o Santo pregava.

Máxima de Santo Antônio: "Não confiemos na glória do mundo porque é enganadora".

Oração

Antônio prudente, vós que em todas as ações de vossa curta vida patenteastes a pureza dos vossos costumes, a par da mais atilada prudência, com que extirpastes as vossas dissensões que dividiam os homens, conseguindo que as paixões ateadas por uma liberdade indiscreta fossem refreadas e moderadas pelo que a prudência ditava, fazei que, sendo eu vítima destas paixões, no combate com elas procure por modelo a vossa prudência, para com ela diminuir o número dos males de que se acha juncada a carreira de meus dias. A vossa prudência seja a guia que me dirija na prática da justiça e da verdade, companheiras inseparáveis da prudência, para que, unindo-as a outras que me são necessárias, me justifique com elas perante Deus, meu juiz, e alcance, por vosso intermédio, a graça que com tanto empenho solicito. Amém.

Ladainha de Santo Antônio (p. 79)
Responso em honra de Santo Antônio (p. 102)
Pai-nosso..., Ave-Maria..., Glória...

DÉCIMO TERCEIRO DIA

Glorificação de Santo Antônio

Eu vos saúdo, etc., p. 10

Havia onze anos que Santo Antônio trazia as librés do serafim de Assis, quando o céu *coroou de glória e honra* sua fecunda carreira. Vivera apenas trinta e seis anos, e, nesse pouco tempo, sua vida enchera-se de obras e de méritos. Não foi, entretanto, sua partida para o reino eterno o fim de seu apostolado. Santo Antônio vive ainda entre nós com o mesmo poder que nos dias de sua existência terrestre. Jesus Cristo, para no-lo conservar, por um prodígio tocante, transformou seu túmulo numa cadeira de verdade, de onde não cessa de nos falar. Sua santa língua, que convertera milhares de pecadores e reunira em torno dele os peixes do mar para confundir nossa indiferença; essa língua, que se fizera ouvir em todos os idiomas, como no dia de Pentecostes, ressuscitara mortos, consolara tantas almas, curara tantas doenças; essa língua que o papa chamara a *arca do testamento*, onde se conserva o maná do céu e a vara miraculosa de Moisés; essa língua, enfim, que se reduzira ao silêncio para nos ensinar a humildade, a renúncia e a união com Deus, está realmente entre nós. Trinta e dois anos após sua morte, fez--se a trasladação das relíquias do taumaturgo. Quando se lhe exumaram os ossos e o corpo reduzira-se a cinzas, a língua somente estava intacta, fresca e vermelha como a de um homem vivo. Em presença de fato tão extraordinário, o seráfico Boaventura, não podendo conter a emoção, tomou-a entre as mãos e exclamou, beijando-a com efusão: "Ó língua bendita, que não cessastes de louvar a Deus e que o fizestes louvar por um número infinito de almas, vê-se agora quanto sois preciosa diante de Deus!" Depois, fê-la encaixar em um relicário de ouro, legando-a assim à veneração dos séculos. Nada mais era necessário para crescer a devoção dos povos para com esse grande Santo. Os milagres que não cessavam um só dia, em grande número, aumentaram ainda.

Ó ilustre Antônio, *arca do testamento*, como me devo regozijar com vossa glória! Oh! sim, direi com São Boaventura, é bem fácil compreender quanto sois caro a Deus, quanto o amais! Arrependo-me de não vos ter melhor conhecido. Não tenho glorificado bastante aquele que o céu glorificou de maneira tão surpreendente. Oh! como era justo que vossa memória não fosse enterrada no silêncio e no esquecimento, vós que não cessastes um instante de fazer conhecer e louvar a Deus, esquecendo o vosso eu;

vós que trabalhastes com todas as forças para que eu participasse de vossa beatitude! Poderei dizer o mesmo de mim? Se partir agora desta terra, o que deixarei após mim, senão exemplos de tibieza, infidelidades nos meus deveres, ambições, orgulho e, quem sabe, escândalos funestos? Posso medir a extensão do mal que fiz com minha língua, por maledicências, calúnias, maus conselhos, propósitos irreligiosos ou ao menos indiscretos? Que fiz para ensinar os outros a bendizer a Deus e servi-lo? Entretanto, a tudo isso era obrigado, como cristão, por minha posição e deveres; ao menos deveria fazê-lo por meus exemplos.

Exemplo

No momento em que Santo Antônio entregava a Deus sua bela alma no convento de Pádua, apareceu em Vercelli ao padre abade dos beneditinos dessa cidade. Fora o abade seu mestre em alta teologia e na ocasião sofria cruelmente, desde muitos dias, de violento mal de garganta. Antônio apareceu-lhe subitamente: "Padre abade, disse-lhe, deixei minha cavalgadura em Pádua, e vou para a pátria". Ao mesmo tempo aproximou-se do doente, tocou-lhe a garganta, curou-o e desapareceu. O abade pensou ter recebido a visita inesperada de Santo Antônio; espantou-se somente que fosse tão curta. Saiu imediatamente da cela, percorreu o mosteiro, perguntando aos que encontrava onde estava o Padre Antônio. "Ele acaba de sair de minha cela, exclamava o abade, depois de me ter curado do mal atroz de que eu sofria". Os religiosos não duvidaram do milagre operado na pessoa de seu pai, porque sabiam que ele estava incapaz de pronunciar uma sílaba; mas nenhum deles vira o Padre Antônio. Pouco depois, o superior e os religiosos souberam que o glorioso taumaturgo morrera na tarde de 13 de junho (1231), quer dizer, no dia e hora em que tivera lugar a bem-aventurada aparição.

Máxima de Santo Antônio: "Aquele que se deu por nós nos dará todas as coisas".

Oração

Bem-aventurado Antônio, vós, cuja língua abençoada ensinou aos homens a louvar a Deus, tende piedade de minha alma! Lembrai-vos, meu Santo protetor, que não é unicamente por vós que Deus vos cobriu de tanta glória e poder; foi também por mim, para ensinar-me a recorrer a vós em todas as necessidades da alma ou do corpo, para esta vida e principalmente para a outra.

Santo Antônio, meu caro e bem-amado pai, suplico-vos, tomai os interesses de minha alma, velai sobre mim nas tentações, ajudai-me nos combates, e, quando chegar o momento da morte, ficai junto a mim, para introduzir-me na morada bem-aventurada, onde poderei contemplar-vos e agradecer-vos no seio de Deus, perto de Maria, na companhia dos anjos e de todos os santos. Concedei-me também a graça particular que vos peço durante esta trezena. Assim seja.

Ladainha de Santo Antônio (p. 79)
Responso em honra de Santo Antônio (p. 102)
Pai-nosso..., Ave-Maria..., Glória...

O CONCÍLIO VATICANO II E O CULTO AOS SANTOS

Na sua solicitude pastoral, o concílio exorta todos os responsáveis para que, se cá ou lá se introduzirem sub-repticiamente abusos, excessos ou falhas, afastem-nos ou esforcem-se diligentemente por corrigi-los, e restaurem tudo para a maior glória de Cristo e de Deus. Ensinem portanto aos fiéis que o autêntico culto dos Santos não consiste tanto na multiplicidade dos atos exteriores como na intensidade de nosso amor atuante, pelo qual, para maior bem nosso e da Igreja, buscamos dos Santos "o exemplo na vida, o consórcio na comunhão e o auxílio na intercessão". Por outro lado, porém, instruam os fiéis que nossas relações com os habitantes do céu, concebido na plena luz da fé, de nenhum modo diminui o culto latrêutico dado a Deus Pai por Cristo no Espírito, mas, ao contrário, mais intensivamente o enriquece.

Lumen Gentium, 51

Orações

Ladainha de Santo Antônio

Senhor, tende piedade de nós.

Jesus Cristo, tende piedade de nós.

Senhor, tende piedade de nós.

Jesus, ouvi-nos.

Jesus, atendei-nos.

Pai celeste, que sois Deus, *tende piedade de nós.*

Filho, Redentor do mundo, que sois Deus, *tende piedade de nós.*

Espírito Santo, que sois Deus, *tende piedade de nós.*

Santíssima Trindade, que sois um só Deus, *tende piedade de nós.*

Espírito Santo, que sois Deus, *tende piedade de nós.*

Santíssima Trindade, que sois um só Deus, *tende piedade de nós.*

Santo Antônio de Pádua, *rogai por nós.*

Íntimo amigo do menino Deus,

Servo da Mãe imaculada,

Fiel filho de São Francisco,

Homem da santa oração,

Amigo da pobreza,

Lírio da castidade,

Modelo da obediência,

Amante da vida oculta,

Desprezador da glória humana,

Rosa da caridade,

Espelho de todas as virtudes,

Sacerdote segundo o coração do Altíssimo,

Imitador dos apóstolos,

Mártir do desejo,

Coluna da Igreja,
Zeloso amante das almas,
Propugnador da fé,
Doutor da verdade,
Batalhador contra a falsidade,
Arca do testamento,
Trombeta do Evangelho,
Apóstolo dos pecadores,
Extirpador dos crimes,
Restituidor da paz,
Reformador dos costumes,
Conquistador dos corações,
Auxiliador dos aflitos,
Terror dos demônios,
Ressuscitador dos mortos,
Restituidor das coisas perdidas,
Glorioso taumaturgo,
Santo do mundo inteiro,
Glória da Ordem dos Menores,

Alegria da corte celeste,

Nosso amável padroeiro,

Cordeiro de Deus, que tirais os pecados do mundo, perdoai-nos, Senhor;

Cordeiro de Deus, que tirais os pecados do mundo, ouvi-nos, Senhor;

Cordeiro de Deus, que tirais os pecados do mundo, tende piedade de nós.

Rogai por nós, Santo Antônio.

℟ Para que sejamos dignos das promessas de Cristo.

Oremos: Alegre, Senhor Deus, a vossa Igreja a solenidade votiva de Santo Antônio, vosso confessor e doutor, para que sempre se ache fortalecida com socorros espirituais e mereça alcançar os gozos eternos. Por Jesus Cristo Nosso Senhor. Amém.

Ladainha de Nossa Senhora

Kyrie, eleison.	Senhor, tende piedade de nós.
Christe, eleison.	Jesus Cristo, tende piedade de nós.
Kyrie, eleison.	Senhor, tende piedade de nós.
Christe, audi nos. Christe, exaudi nos.	Jesus Cristo, ouvi-nos. Jesus Cristo, atendei-nos.
Pater de caelis Deus, miserere nobis.	Pai celeste, que sois Deus, tende piedade de nós.
Fili, Redemptor mundi, Deus.	Filho, Redentor do mundo, que sois Deus.
Spiritus Sancte, Deus.	Espírito Santo, que sois Deus.

Sancta Trinitas, unus Deus.	Santíssima Trindade, que sois um só Deus.
Sancta Maria, ora pro nobis.	Santa Maria, rogai por nós.
Sancta Dei Genitrix. Sancta Virgo virginum.	Santa Mãe de Deus, Santa Virgem das virgens.
Mater Christi,	Mãe de Jesus Cristo,
Mater divinae gratiae,	Mãe da divina graça,
Mater purissima,	Mãe puríssima,
Mater castissima,	Mãe castíssima,
Mater inviolata,	Mãe imaculada,
Mater intemerata,	Mãe intacta,
Mater amabilis,	Mãe amável,
Mater admirabilis,	Mãe admirável,
Mater boni consilii,	Mãe do Bom Conselho,
Mater Creatoris,	Mãe do Criador,

Mater Salvatoris,	Mãe do Salvador,
Virgo prudentissima,	Virgem prudentíssima,
Virgo veneranda,	Virgem veneranda,
Virgo praedicanda,	Virgem digna de louvor,
Virgo potens,	Virgem poderosa,
Virgo clemens,	Virgem benigna,
Virgo fidelis,	Virgem fiel,
Speculum justitiae,	Espelho de justiça,
Sedes sapientiae,	Sede da sabedoria,
Causa nostrae laetitiae,	Causa de nossa alegria,
Vas spirituale,	Vaso espiritual,
Vas honorabile,	Vaso honorífico,
Vas insigne devotionis,	Vaso insigne de devoção,
Rosa mystica,	Rosa mística,

Turris davidica,	Torre de Davi,
Turris eburnea,	Torre de marfim,
Domus aurea,	Casa de ouro,
Foederis arca,	Arca da aliança,
Janua caeli,	Porta do céu,
Stella matutina,	Estrela da manhã,
Salus infirmornm,	Saúde dos enfermos,
Refugium peccatorum,	Refúgio dos pecadores,
Consolatrix afflictorum,	Consoladora dos aflitos,
Auxilium Christianorum,	Auxílio dos cristãos,
Regina angelorum,	Rainha dos anjos,
Regina patriarcharum,	Rainha dos patriarcas,
Regina prophetarum,	Rainha dos profetas,
Regina apostolorum,	Rainha dos apóstolos,
Regina martyrum,	Rainha dos mártires,

Regina confessorum,	Rainha dos confessores,
Regina virginum,	Rainha das virgens,
Regina sanctorum omnium,	Rainha de todos os santos,
Regina sine labe originali concepta,	Rainha concebida sem pecado original,
Regina in caelum assumpta,	Rainha assunta ao céu,
Regina sacratissimi Rosarii,	Rainha do Santo Rosário,
Regina pacis,	Rainha da paz,
Agnus Dei, qui tollis peccata mundi, parce nobis, Domine.	Cordeiro de Deus, que tirais os pecados do mundo, perdoai-nos, Senhor.
Agnus Dei, qui tollis peccata mundi, exaudi nos, Domine.	Cordeiro de Deus, que tirais os pecados do mundo, ouvi-nos, Senhor.

Agnus Dei, qui tollis peccata mundi, miserere nobis.

℣ Ora pro nobis, sancta Dei Genitrix,
℟ Ut digni efficiamur promissionibus Christi.

Oremus

Concede nos famulus tuos, quaesumus, Domine Deus, perpetua mentis et corporis sanitate gaudere; et gloriosa Beatae Mariae semper Virginis intercessione a praesenti liberari tristitia et aeterna perfrui laetitia. Per Christum Dominum nostrum. Amen.

Cordeiro de Deus, que tirais os pecados do mundo, tende piedade de nós.

℣ Rogai por nós, Santa Mãe de Deus,
℟ Para que sejamos dignos das promessas de Cristo.

Oremos

Senhor Deus, nós vos suplicamos que concedais a vossos servos perpétua saúde de alma e corpo; e que pela gloriosa intercessão da bem-aventurada sempre Virgem Maria sejamos livres da presente tristeza e gozemos da eterna alegria. Por Cristo Nosso Senhor. Amém.

Oração para obter a intercessão de Santo Antônio

(*Com promessa de pão para os pobres*)

A vós recorremos, ó piedoso taumaturgo, cujo coração se abrasou nas chamas sublimes da caridade para com Deus e os pobres, a vós que merecestes receber nos braços o Menino Jesus, que quis nascer pobre. Cheios de confiança, voltamo-nos para vós, para que rogueis ao bom Jesus de ter compaixão de nós no meio de todas as tribulações.

Oh! Obtende-nos a graça de... (*pede-se a graça*). Nós vo-lo pedimos humildemente. Se no-la obtiverdes, ó glorioso Santo Antônio, vos oferecemos pão para os pobres a quem tanto amastes na terra.

Pai-nosso, Ave-Maria e Glória-ao-Pai.

Oração a Santo Antônio para o dia da festa

Gloriosíssimo Santo Antônio, neste dia consagrado à vossa memória, alegro-me convosco das inúmeras prerrogativas com que fostes enriquecido mais do que os outros santos. A morte é vencida por vosso poder, os oprimidos recebem por vós o alívio tão desejado, os leprosos, os enfermos, os paralíticos obtêm a salvação por vossa virtude. Ao vosso mandado, acalmam-se os ventos e as tempestades, rompem-se as cadeias da escravidão, encontram-se as coisas perdidas; em suma, todos os que, confiados, recorrem a vós, ficam livres dos males que os perseguem, dos perigos que os ameaçam, do peso que os oprime e não há nenhuma necessidade, à qual vosso milagroso poder e vossa terna bondade não se estendam. Ó meu querido protetor, por todas as graças que recebestes de Deus, suplico-vos que tomeis especial cuidado de minha alma, de meus negócios e de minha vida inteira. Sob a vossa proteção, nada temerei; recomendo-vos minhas necessidades e peço-vos lembrar minhas misérias ao Deus de todas as consolações para que, por vossos méritos, se digne fortalecer-me em seu serviço, consolar-me em minhas aflições, livrar-me de meus males, ou dar-me força para suportá-los para minha maior santificação. Peço-vos estas graças para mim e para todos que se acham nas mesmas penas e perigos. Enfim, meu querido protetor, obtende-me que nenhuma força inimiga me separe de meu Deus, ao qual sejam dadas honra e ação de graças por todos os séculos dos séculos. Amém.

Oração para oferecer alguma esmola a Santo Antônio

Glorioso taumaturgo, pai dos pobres, vós que tocastes prodigiosamente o coração de um avarento no meio de seus tesouros, pelo grande dom que tivestes de ter o coração voltado para as misérias dos infelizes, apresentando ao Senhor nossas súplicas, obtende-nos que sejamos favoravelmente atendidos e aceitai como prova de nosso reconhecimento o óbolo que depomos a vossos pés, para socorro dos pobres. Seja esta esmola proveitosa para os que sofrem e também para nós; socorrei a uns e outros com vossa benevolência, em todas as necessidades temporais e espirituais, sobretudo na hora da morte. Amém.

Oração eficaz a Santo Antônio

Lembrai-vos, ó glorioso Santo Antônio, amigo do Menino Jesus e filho querido de Maria Imaculada, que jamais se ouviu dizer que aquele que tem recorrido a vós, implorando vossa proteção, tenha sido abandonado. Animado de igual confiança, venho a vós, ó fiel consolador dos aflitos. Gemendo sob o peso de meus pecados me prostro a vossos pés, e, pecador como sou, atrevo-me a comparecer diante de vós. Não deixeis de ouvir minhas súplicas, vós que sois tão poderoso junto ao coração de Jesus; antes, escutai-as favoravelmente e dignai-vos despachá-las. Assim seja.

Oração para obter a graça de uma boa morte

Grande Santo Antônio de Pádua, poderoso defensor de quem se coloca sob a vossa proteção, suplico-vos, bem humildemente, pelo desejo ardente que tivestes de morrer por Jesus Cristo, que Ele vos conceda de me obterdes a graça de não ser surpreendido por uma morte súbita, a que estão expostos todos os que erram ainda no meio das misérias deste mundo; conduzi-me em toda a vida e amparai-me para que não caia no pecado e fazei que receba de Deus luzes que conduzam meus passos, ensinai-me a cumprir dignamente todos os deveres de um bom cristão; assisti-me, grande Santo; ajudai meus parentes e amigos em todas as necessidades, principalmente na triste agonia, para que possamos por vossa intercessão felizmente acabar os dias na graça de Deus, e por vosso poder ser preservados da desgraça irreparável da condenação eterna. Assim seja.

Oração para pedir uma graça

Lembrai-vos, ó grande Santo Antônio, que o erro, a morte, as calamidades, o demônio, as doenças contagiosas fogem por vossa intercessão. Por vós, os doentes recobram a saúde, o mar se acalma, as cadeias dos cativos quebram-se, os estropiados recobram os membros, as coisas perdidas voltam a seus donos. Os jovens e os velhos que a vós recorrem são sempre ouvidos. Os perigos e as necessidades desaparecem. Cheio de confiança, dirijo-me a vós. Mostrai hoje vosso poder e obtende-me a graça que desejo. Amém.

Oração a Santo Antônio para achar as coisas perdidas

Grande Santo Antônio, apóstolo cheio de bondade, que recebestes de Deus o *poder especial* de fazer achar as coisas perdidas, socorrei-me neste momento, para que por vossa assistência ache o objeto que procuro. Obtende-me também uma fé ardente, perfeita docilidade às inspirações da graça, o desprezo dos vãos prazeres do mundo e um ardente desejo das inefáveis alegrias da bem-aventurança eterna. Amém.

Oração impetratória a Santo Antônio

Admirável Santo Antônio, glorioso pela celebridade dos milagres por vós operados, que tivestes a felicidade de acolher entre os braços o Senhor em forma de menino, obtende-me da sua bondade a graça que no íntimo do coração ardentemente desejo. Vós, que fostes tão compassivo para com os míseros pecadores, não repareis na indignidade do que vos suplica, mas na glória de Deus que outra vez por vós será exaltada, na salvação da minha alma, não desligada do pedido que ora solicito com tanto ardor.

Penhor de minha gratidão vos seja a promessa de uma vida mais conforme aos ensinamentos evangélicos e consagrada ao alívio dos pobres que tanto amastes e ainda amais: Abençoai a minha promessa e alcançai-me ser-lhe fiel até a morte. Assim seja.

Oração a Santo Antônio em ação de graças

Glorioso taumaturgo, Santo Antônio, pai dos pobres e consolador dos aflitos, que com tanta solicitude viestes em meu auxílio e assim me consolastes: eis-me a vossos pés para vos trazer o meu agradecimento. Aceitai-o junto com a promessa, que vos renovo, de viver sempre no amor de Jesus e do próximo. Continuai a me prodigalizar vossa proteção e obtende-me a graça final de poder entrar um dia no céu para cantar convosco as divinas misericórdias. Assim seja.

Ato de consagração a Santo Antônio

Ó grande e bem-amado Santo Antônio de Pádua, vós cuja virtude angélica atraiu do céu em vossos braços o doce Jesus, dignai-vos, suplico-vos, tomar sob vossa proteção poderosa meus negócios e toda a minha vida, persuadido, como estou, de que mal algum sucederá enquanto estiver sob vossa guarda. Sim, protegei-me, defendei-me: sou um pobre pecador. Recomendai minhas necessidades e apresentai-vos como meu medianeiro a Jesus, a quem tanto amastes, para que, por vosso mérito, ele aumente minha fé, console-me nos trabalhos, livre-me de todo mal, e não me deixe sucumbir na tentação.

Ó Deus todo-poderoso, livrai-me de todo perigo do corpo e da alma, para que, ajudado continuamente por vós, possa viver piedosamente, e santamente morrer. Assim seja.

Antífona de São Boaventura em honra da língua de Santo Antônio

Ó língua bendita, que não cessastes de louvar a Deus e de ensinar aos outros e bendizê-lo; é agora que se vê claramente o quanto éreis preciosa a seu olhos.

℣ *Ilustre pregador, felicíssimo Santo Antônio, rogai por nós.*

℞ *Para que por vossa intercessão cheguemos à felicidade da vida eterna.*

Oração

Ó Deus todo-poderoso, que tantos prodígios e milagres operais, vós que salvaguardastes da corrupção a língua do bem-aventurado Antônio, vosso confessor e doutor, concedei-nos, vo-lo suplicamos, por seus merecimentos e exemplos, a graça de bendizer-vos e louvar-vos sempre. Assim seja.

Saudações afetuosas ao prodigioso Santo Antônio

Deus vos salve, meu glorioso Santo Antônio, sacrário do divino Espírito Santo; alcançai-me dele os dons e auxílios da graça.

Deus vos salve, meu glorioso Santo Antônio, reclinatório de Deus menino; consegui-me dele a inocência daquela idade.

Deus vos salve, meu glorioso Santo Antônio, amantíssimo filho de Maria Santíssima; fazei-me também digno filho de tão soberana Mãe.

Deus vos salve, meu glorioso Santo Antônio, deparador das coisas perdidas; não permitais que eu perca o caminho da eterna salvação.

Deus vos salve, meu glorioso Santo Antônio, lírio formoso da pureza; inspirai-me amor entranhado à mais bela das virtudes.

Deus vos salve, meu glorioso Santo Antônio, martelo formidável dos hereges; comunicai-me a verdadeira docilidade às doutrinas da Santa Igreja.

Deus vos salve, meu glorioso Santo Antônio, luz brilhante do universo; iluminai a minha cegueira, para que fuja das trevas dos vícios e dos pecados.

Deus vos salve, meu glorioso Santo Antônio, serafim abrasado do amor divino; inflamai o meu coração neste fogo sagrado, para que sempre arda nas suas belas e amorosas chamas.

Oferecimento

Meu glorioso e amabilíssimo Santo Antônio, eu vos ofereço estas saudações e orações, em honra e veneração de vossas heroicas virtudes e santidade admirável, e vos peço humildemente me alcanceis de Deus, Senhor Nosso, e de sua Mãe, Maria Santíssima, com quem valeis tanto, uma resolução firmíssima de seguir os vossos exemplos, de imitar as vossas ações, para que, dirigindo os meus passos pelo exemplo de vossas virtudes, caminhe com segurança, por este vale de lágrimas, à eterna felicidade.

Também vos rogo me consigais do mesmo Senhor o remédio de todas as minhas necessidades, assim espirituais como corporais. Por vosso intermédio espero alcançar esses benefícios do Altíssimo e fico muito seguro de que não faltareis com a vossa proteção a quem confia tanto, como eu, no vosso amparo. Com ele vos peço me valhais também na hora da minha morte, para sair vitorioso dos combates infernais, e, livre o meu espírito das prisões desta vida mortal, ir lograr para sempre a perfeita liberdade dos filhos de Deus e gozar da sua visão em vossa companhia. Amém.

Responso de Santo Antônio

Saiba quem busca milagres
Que os enfermos sara Antônio;
Afugenta o erro, a morte,
Calamidade e demônio.

    Prisões e mares lhe cedem,
    Saúde e coisas perdidas
    São aos mancebos e aos velhos
    por ele restituídas.

Necessidades, perigos
Faz cessar entre os humanos;
Diga-o quem o experimentou
E mormente os paduanos.

    Prisões e mares lhe cedem...

Glória ao Pai, e ao Filho, e ao Espírito Santo.

Prisões e mares lhe cedem...

V Rogai por nós, bem-aventurado Antônio.

R Para que sejamos dignos das promessas de Cristo.

Oração

Ó Deus, nós vos suplicamos que alegre à vossa Igreja a solenidade votiva do bem-aventurado Antônio, vosso confessor e doutor, para que, fortalecida sempre com os espirituais auxílios, mereça gozar os prazeres eternos. Por Jesus Cristo, Nosso Senhor. Amém.

Coroinha em honra de Santo Antônio de Pádua

PRÓLOGO

Essa coroinha compõe-se de treze contas. Em cada uma faz-se a correspondente invocação e reza-se um Pai-nosso, Ave-Maria e um Glória.

As treze invocações recordam os treze privilégios concedidos por Deus a Santo Antônio, como estão indicados no "Si quaeris".

Este devoto exercício serve para as terças-feiras ou domingos seguidos, a fim de impetrar do Santo alguma graça. Adverte-se, porém, alma cristã, que quem pede deve antes preparar sua alma para rezar com confiança, atenção, humildade e perseverança. São Bernardo assegura que, quando a oração é fiel, humilde e devota, penetra infalivelmente no céu e jamais volve à terra sem ser ouvida.

Coroinha

Em nome do Pai, e do Filho, e do Espírito Santo. Amém.

Oração

Deus misericordioso, aceitai benigno a mediação de vosso devoto servo Santo Antônio, para que por seu intermédio possa conseguir a graça... que humildemente vos peço. E vós, meu glorioso Santo protetor, não me desampareis; intercedei por mim, e fazei que seja sincera minha devoção, e por isso me sejam perdoados todos os meus pecados, dos quais de todo o coração me arrependo; aqui prostrado, com firme esperança, a vossos pés, espero alcançar a graça pedida por vossa intercessão.

> Deus in adiutorium meum intende.
> Domine, ad adiuvandum me festina.
> Gloria Patri et Filio et Spiritui Sancto.
> Sicut erat in principio et nunc et semper et saecula saeculorum. Amen.

1. Santo Antônio, que ressuscitais os mortos, rogai por todos os agonizantes e pelos nossos queridos defuntos.

Pai-nosso, Ave-Maria, Glória.

2. Santo Antônio, apóstolo infatigável do Evangelho, defende-nos contra os erros dos inimigos de Deus e rogai pelo nosso Santo Padre o Papa e pela Santa Igreja.

Pai-nosso, Ave-Maria, Glória.

3. Santo Antônio, poderoso amigo do coração de Jesus, livrai-nos das calamidades que nos ameaçam por causa dos nossos pecados.

Pai-nosso, Ave-Maria, Glória.

4. Santo Antônio, que expulsas os demônios, fazei-nos triunfar das suas ciladas.

Pai-nosso, Ave-Maria, Glória.

5. Santo Antônio, lírio de celestial pureza, purificai-nos das manchas da alma e livrai nosso corpo de todo perigo.

Pai-nosso, Ave-Maria, Glória.

6. Santo Antônio, que dais saúde aos enfermos, curai as nossas doenças e conservai-nos a saúde.

Pai-nosso, Ave-Maria, Glória.

7. Santo Antônio, guia dos caminhantes, conduzi ao porto do salvamento os que andam sobre as águas do mar ou correm perigo de perder-se, e acalmai as ondas agitadas das paixões que nos perturbam o espírito.

Pai-nosso, Ave-Maria, Glória.

8. Santo Antônio, que dais liberdade aos cativos, livrai-nos do cativeiro do pecado.

Pai-nosso, Ave-Maria, Glória.

9. Santo Antônio, que dais o uso de seus membros a jovens e anciãos, conservai-nos o uso perfeito dos sentidos do corpo e das faculdades do espírito.

Pai-nosso, Ave-Maria, Glória.

10. Santo Antônio, que deparais as coisas perdidas, fazei que achemos o que perdemos, na ordem espiritual e corporal.

Pai-nosso, Ave-Maria, Glória.

11. Santo Antônio, protegido por Maria, afastai de nós os perigos da alma e do corpo.

Pai-nosso, Ave-Maria, Glória.

12. Santo Antônio, que socorreis toda indigência, assisti-nos nas nossas necessidades, dai pão e proporcionai honesto trabalho aos que dele carecem.

Pai-nosso, Ave-Maria, Glória.

13. Santo Antônio, nós que reconhecidos proclamamos o vosso maravilhoso poder e vos damos graças por vossos favores, vos pedimos nos assistais em todos os dias de nossa vida.

Pai-nosso, Ave-Maria, Glória.

Oração

Glorioso Santo Antônio, se todos os que a vós recorrem experimentaram vosso valioso patrocínio, e todos os vossos devotos paduanos atestam vossa grande caridade, fazei que me encontre neste número afortunado.

Intercedei por mim, intercedei pelas almas do purgatório, pelo Sumo Pontífice e por todos os membros do corpo místico de Jesus Cristo, a Santa Igreja Católica, Apostólica, Romana. Assim seja.

Reza-se um Pai-nosso e uma Ave-Maria pelas almas do purgatório, acrescentando: E as almas dos fiéis, pela misericórdia de Deus, descansem em paz.

Outro Pai-nosso e Ave-Maria pelas intenções do Sumo Pontífice.

Glorioso Santo Antônio, antes de apartar-me de vós, abençoai-me e fazei que esta bênção me ajude a confiar sempre e cada vez mais em vós e a conservar-me sempre fiel à santa e divina lei de Jesus Cristo, a quem seja dada glória por todos os séculos dos séculos. Amém.

NB – Um Pai-nosso e Ave-Maria pelos benfeitores da Pia União de Santo Antônio e um Pai-nosso e Ave-Maria pelas intenções recomendadas.

Pão de Santo Antônio de Pádua

Frange esurienti panem... Tunc invocabis, et Dominus exaudiet (Is 58).

Pergunta-se sempre de onde procede essa piedosa prática, tão em voga entre nós, de prometer pão aos pobres, para obter seguramente do céu a realização de um desejo.

A eficácia dessa devoção foi indicada por Deus mesmo: *Dá pão a quem tem fome*, disse Ele, *então orarás, e eu ouvirei*.

Assim, nossa caridade é garantia certa dos favores de Deus.

O Rei do céu age conosco como os reis da terra em relação a seus súditos; gosta dos que lhe enviam os pedidos por intermédio dos santos a quem estabeleceu como ecônomos e distribuidores de seus tesouros.

Hoje, como outrora o faraó ao povo esfaimado, Deus parece dizer: Ide a meu intendente Antônio de Pádua, ele dar-vos-á pão.

Não procuremos querer compreender por que foi Santo Antônio, e não outro santo, constituído por Deus para ecônomo de seus bens; seria querer sondar o coração de Deus e ele é infinito...

A obra do pão de Santo Antônio não é antiga como alguns imaginam: remonta a um incidente ocorrido em Toulon no dia 12 de março de 1890.

Mme. Bouffier, a modesta cristã que iniciou essa obra, escrevia em 1892 ao reverendo padre Maria Antônio: "Desejais saber como a devoção a Santo Antônio de Pádua nasceu em Toulon: desenvolveu-se como todas as obras de Deus, sem barulho, sem reclamos e na obscuridade; há quatro anos não tinha conhecimento algum da devoção a Santo Antônio de Pádua, apenas ouvia dizer vagamente que fazia achar as coisas perdidas.

Uma manhã não consegui abrir minha loja; a fechadura secreta estava quebrada. Mandei procurar um serralheiro, que trouxe um molho de chaves e trabalhou cerca de uma hora; perdendo a paciência, disse-me: Vou procurar ferramentas necessárias para arrombar a porta. Durante sua ausência, inspirada por Deus, pensei: Se prometer um pouco de pão a Santo Antônio, pode ser que ele faça abrir a porta, sem arrombá-la.

Nesse momento, o operário chega trazendo um companheiro; eu lhes disse: Senhores, concedei-me, peço-vos, uma satisfação; acabo de prometer pão a Santo Antônio de Pádua para os pobres; quereis, antes de arrombar a porta, procurar ainda mais uma vez abri-la? Talvez o Santo venha em nosso auxílio. Os homens aceitaram a proposta, e eis que a primeira chave que introduziram na fechadura quebrada abriu-a, sem a menor resistência, parecendo ser a própria chave da porta. Inútil pintar-vos a admiração de todos; foi geral".

Desde esse dia, a fervorosa cristã e suas amigas não cessaram de rezar ao Santo, comunicando-lhe as menores dificuldades, com promessa de pão para os pobres. As graças e milagres que obtiveram fizeram a admiração do mundo inteiro.

Eis como, por uma amável atenção da Providência, nasceu uma obra que cresce dia a dia; acaba de enxertar-se sobre uma devoção já bem antiga, pois, desde muitos séculos, a piedade popular dirige-se a Santo Antônio de Pádua, para reaver os objetos perdidos.

Assim se confirmam entre o céu e a terra as relações íntimas que se chamam a *comunhão dos santos*.

Que obra, o pão dos pobres! Só o Pai do céu podia nos indicar meio tão grandioso de praticar a caridade.

Aí todos ganham, tanto os que dão como os que recebem.

Então, piedoso leitor, se quiserdes obter seguramente *uma graça*, dirigi-vos a Santo Antônio e prometei-lhe *certa* quantidade de pão para os pobres.

Escrevei o pedido em uma folha de papel, introduzi-a aos pés da imagem de Santo Antônio e depois rezai uma boa e fervorosa prece.

Não temais, não sereis o único a fazer semelhante pedido: são centenas, milhares mesmo que Santo Antônio recebe diariamente.

Em um único ano, o mealheiro da piedosa intendente de Santo Antônio, em Toulon, recebeu 22.000 cartas, sendo que grande número atesta a realização do milagre pedido.

Eram pedidos de toda sorte e de diversos lugares.

Aqui, um magistrado, ali um soldado, um rapaz, um padre; todas as classes da sociedade desfilavam sem respeito humano e com inteira confiança.

> Seu socorro, que o jovem e o velho experimentam,
> Faz com que o perdido sem trabalho se apresente.

Está provado hoje que não há na França uma só igreja onde o culto de Santo Antônio não fosse restabelecido. Altares e estátuas de Santo Antônio erigiram-se em muitas igrejas de maneira verdadeiramente espantosa. Um escultor de Paris afirma que de janeiro a maio de 1894 vendeu 40.000 estátuas de Santo Antônio de Pádua. Toulon forneceu as mesmas informações. Em toda parte, na Europa, na África e na América, invoca-se hoje o taumaturgo de Pádua, e em lugares diversos se operam em seu nome as mesmas maravilhas.

> E que tempo foi jamais tão fértil em milagres?
> Quando Deus por suas mãos mostrou seu poder?
> Teremos então olhos para não ver?

Milhares de troncos deram prodigiosa quantidade de pão em toda a França. Se, em Toulon, a obra de Santo Antônio pôde derramar cento e vinte e oito mil francos no seio dos pobres, no ano de 1896, em muitos lugares, e muitas vezes em doze meses, um único mealheiro deu mais de 300.000 quilos de pão!

Verdadeiramente era agora o caso de perguntarmos a nossos filantropos sem Deus, que escarnecem de toda ideia do sobrenatural, quantos milhares de quilogramas de pão já forneceram, aos desgraçados, suas miríficas teorias.

Nós, porém, mais modestos, contentamo-nos com bendizer a Deus, que tudo mandou na sua misericórdia para nos salvar.

Esta magnífica eclosão de caridade, no meio de nossa sociedade, roída pelo prazer e pela cupidez, nos faz entrever o fim das lutas contemporâneas, pela solução da questão operária. O socialismo, invencível pelas armas, será o vencido pela caridade. Isso será um novo raio de glória para a fronte de Antônio de Pádua. Quando os bárbaros invadiram a França, foi a pastorinha de Nanterre, a inocente Genoveva, que Deus enviou para expulsá-los. Quando os ingleses invadiram dois terços da pátria, foi ao que havia de mais fraco no mundo, à donzela de Domremy, à humilde Joana d'Arc, que Deus fez sinal para "expulsá-los de toda a França".

E hoje, em face dos inimigos de Deus e da Igreja, diante das ondas crescentes da barbaria *civilizada*, quando os corações parecem invadidos pela volúpia e o espírito pela mentira, quando tudo grita que somos apenas miséria, não só no corpo, como na alma, quanto mais se acentuam as discórdias, eis que o céu, em seus desígnios misericordiosos, faz reviver num momento, a nossos olhos, a lembrança do pacificador dos povos, do *semeador de milagres*, do Santo para todos popular, que é Antônio de Pádua. Vede-o agora como há seis séculos, *iluminando a Igreja universal pelo brilho de suas obras sobre a humanidade*, e renovando, entre nós, principalmente, os grandes prodígios que lhe ganham multidões e o fazem triunfar das vontades mais rebeldes...

Os milagres de Antônio são tão frequentes e tão contínuos que constituem em conjunto um único e mesmo milagre que dura sempre.

Será assim, creio com toda a energia de minha fé, porque Antônio de Pádua traz em seus braços Jesus, o Salvador das nações. *Ipse dabit virtutem et fortitudinem plebi suae.*

Deus sabe, quando lhe apraz, fazer brilhar sua glória.

E seu *povo* está sempre presente em sua memória.

Ó Santo Antônio de Pádua, vós de quem a bem-aventurada língua nada perdeu da divina eloquência, fazei ouvir o nosso século egoísta a única linguagem capaz de acalmar o espírito e resolver o grande problema que os atormenta. Que o mundo se recolha, vos ouça e a questão social estará resolvida. *O pão dos pobres* e a educação cristã da juventude mais farão por ela, que todas as leis e instituições.

"Em vão trabalham os homens quando não é Deus o fundamento de sua obra".

Trabalhai então conosco, caridoso Santo, sustentai nossas obras católicas; que por vós cresçam e sempre se multipliquem; que os ramos benfazejos se estendam sobre a Igreja, sobre nosso país; e ele se levantará sem agitação, sem revolta e a Igreja triunfará mais bela, mais florescente e mais amada do que nunca.

Sim, glorioso e poderoso taumaturgo, fazei brilhar em nós o amor ao próximo, tal como aprendestes do coração abrasado do serafim de Assis; afervorai a sociedade debilitada com vossos magníficos raios; que sejamos para o futuro um só coração e uma só alma em Nosso Senhor Jesus Cristo.

Bênçãos

⊚——⊚

BÊNÇÃO DE SANTO ANTÔNIO

D. A nossa força está no nome do Senhor.

T. Que fez o céu e a terra.

D. Rogai por nós, Santo Antônio.

T. Para que sejamos dignos das promessas de Cristo.

Oremos

Senhor Deus, nós vos bendizemos pelas vossas maravilhas, operadas em Santo Antônio, vosso confessor e doutor, e vos pedimos que sua intercessão alegre a vossa Igreja, para que ela viva em paz e unidade, caminhando incólume até as alegrias eternas junto de vós. Por Nosso Senhor Jesus Cristo.

T. Amém.

D. Eis a cruz do Senhor. Afastem-se de vós todos os inimigos da salvação. Pois venceu o Leão da tribo de Judá, descendente de Davi. Jesus Cristo, Nosso Senhor.

T. Amém.

BÊNÇÃO DO PÃO DE SANTO ANTÔNIO

D. O Senhor esteja convosco.

T. Ele está no meio de nós.

D. O nosso auxílio está no nome do Senhor.

T. Que fez o céu e a terra.

D. Rogai por nós, Santo Antônio.

T. Para que sejamos dignos das promessas de Cristo.

Oremos

Senhor, Pai Santo, Deus eterno e todo-poderoso, abençoai este pão, pela intercessão de Santo Antônio, que por sua pregação e exemplo distribuiu o pão da vossa Palavra aos vossos fiéis. Este pão recorde aos que o comerem ou distribuírem com devoção o pão que vosso Filho multiplicou no deserto para a multidão faminta, o pão eucarístico que nos dais todos os dias no mistério da Eucaristia; e fazei que este pão nos lembre o compromisso para com todos os nossos irmãos necessitados de alimento corporal e espiritual. Por Nosso Senhor Jesus Cristo, vosso Filho, pão vivo que desceu do céu e dá a vida e a salvação ao mundo na unidade do Espírito Santo.

T. Amém.

BÊNÇÃO DOS LÍRIOS DE SANTO ANTÔNIO

D. O Senhor esteja convosco.

T. Ele está no meio de nós.

D. O nosso auxílio está no nome do Senhor.

T. Que fez o céu e a terra.

D. Rogai por nós, Santo Antônio.

T. Para que sejamos dignos das promessas de Cristo.

Oremos

Ó Deus, Criador do gênero humano, que amais a virtude da pureza e concedeis bênçãos espirituais e a salvação eterna aos que em vós confiam, abençoai estes lírios que hoje com devoção vos apresentamos em honra do vosso confessor e doutor Santo Antônio. Que estes lírios ajudem a suscitar as virtudes em vossos fiéis e a curar as suas enfermidades. Aos que os usarem com devoção em suas enfermidades, os expuserem em seus lares ou os trouxerem consigo com espírito de fé, concedei o vosso conforto, a saúde corporal, a proteção contra o inimigo e o crescimento na virtude da pureza. E assim, servindo a vós, a exemplo de Santo Antônio, consigam a vossa graça e a verdadeira paz. Por Nosso Senhor Jesus Cristo.

T. Amém.

Conecte-se conosco:

- **f** facebook.com/editoravozes
- **◎** @editoravozes
- **𝕏** @editora_vozes
- **▶** youtube.com/editoravozes
- **☎** +55 24 2233-9033

www.vozes.com.br

Conheça nossas lojas:
www.livrariavozes.com.br

Belo Horizonte – Brasília – Campinas – Cuiabá – Curitiba
Fortaleza – Juiz de Fora – Petrópolis – Recife – São Paulo

  Vozes de Bolso

EDITORA VOZES LTDA.
Rua Frei Luís, 100 – Centro – Cep 25689-900 – Petrópolis, RJ
Tel.: (24) 2233-9000 – E-mail: vendas@vozes.com.br